Skill With People

Les Giblin

幸せな人生は
人間関係で決まる

レス・ギブリン
弓場隆 訳

Les Giblin Takashi Yumiba

ディスカヴァー
携書
257

JN139330

あなたは、10人のうち9人に
すぐに好かれることができる。
その秘訣を紹介しよう。

はじめに

人間関係が良好であれば、物質的にも精神的にも大きな利益を得ることができる。

職場や家庭で人の心をつかめるかどうかは、「運命の分かれ道」だと言っても過言ではない。

本書で紹介する知識とテクニックは、「人と心を通わせ合うコミュニケーションスキル」を大きく向上させる可能性に満ちている。

その可能性の扉が開かれるかどうかは、あなた次第だ。

ぜひ、そのすべてを学んで活用してほしい。

この重要な技術を身につけるお手伝いができることを、とても嬉しく思う。
あなたの成功と幸福を祈る。

レス・ギブリン

※本書は、2019年11月に小社より刊行された『人の心をつかむ15のルール』を改題、再編集し、携書化したものです。

幸せな人生は人間関係で決まる　CONTENTS

人間の本質1

私たちはどんな感覚を頼りに、物事を判断しているのか

視覚	83%
聴覚	11%
嗅覚	3.5%
触覚	1.5%
味覚	1%

人間の本質 2

私たちはどんなときに情報を記憶しているのか

読んだとき——10%

聞いたとき——20%

見たとき——30%

見て、聞いたとき——50%

ほかの人に話したとき——70%

動きながら話したとき——90%

人間の本質 3

どのような方法で
どれだけ記憶は
定着するのか

説明方法	3時間後の記憶	3日後の記憶
話すだけ	70%	10%
見せるだけ	72%	29%
話して、見せる	85%	65%

ルール❶

相手に微笑みかける

どんな人間関係でも、最初の数秒が「運命の分かれ道」だと肝に銘じよう。

その運命をいい方向に導くためには、人間の行動原理を知る必要がある。

まず心得るべきは、「**人間は、自分がされたことと同じことを相手にもする**」ということ。

この鉄則を肝に銘じることが、人の心をつかむ出発点になる。

初対面の相手に対してはまず、目を合わせた瞬間、何も言葉を交わさないうちに、心を込めて微笑みかけよう。

すると、相手もたいてい同じように微笑みを返してくれる。

そして、言葉を交わす前から友好的な雰囲気をつくれるのである。

すべての人間関係には、なんらかの「雰囲気」が存在する。大切なのは、自分にとって有利になるような雰囲気をつくることだ。

人間関係に悲劇を招く原因のひとつは、多くの人が「**相手に投げかけたものが自分に返ってくる**」という法則に気づいていないことである。

具体的に説明しよう。

相手に明るく微笑みかければ、相手も明るく微笑んでくれる。

逆に、相手に冷たく接すれば、相手も冷たく接してくる。

さらに**声の調子や顔の表情も重要**である。

なぜなら、それは内に秘めた思いを表すからだ。プロの役者やモデルと同じように、自分から微笑みかけよう。

そのコツは、「チーズ」と言うことだ。

POINT

まずは、相手に微笑みかける

人間は、自分がされたことを相手にもする生き物だ。

だから、最初の振る舞いは、今後の関係を築くうえで「運命の分かれ道」になると心得て、人と接する必要がある。

人間関係では、
相手に投げかけたものが
自分に返ってくる

相手に明るく微笑みかければ、
相手も明るく微笑んでくれる
逆に、相手に冷たく接すれば、
相手も冷たく接してくる

ルール❷

すべての人の最大の関心事は「自分」

人びとの行動パターンは、人間の心理と密接にかかわっている。

だから人間の心理を理解すれば、「なぜ、相手がそのような行動を取るのか？」が理解でき、人の心をつかむ近道を見つけることができる。

人間の心理を理解するためには、人間の「あるべき姿」ではなく、人間の「ありのままの姿」を直視する必要がある。

では、人間のありのままの姿とは何か？

それは、「**人間は他人のことよりも、自分のことにずっと大きな関心を持っている**」ということである。

この事実を別の言い方で表現すると、「相手はあなたのことよりも、自分のことに何倍も興味がある」ということだ。そして、その逆も真実である。あなたは相手のことよりも、自分のことにずっと大きな興味を持っているはずだ。

人間は自分の利益を優先する。この傾向はすべての人に当てはまる。

チャリティー活動をしている人たちですら、最大の関心事は、「自分が誰かの役に立つかどうか」ではなく、「自分が誰かに奉仕して喜びを得られるかどうか」である。

つまり、他人に喜びを与えられるかどうかは、二の次の関心事なのだ。

このように人間の主たる特徴は自分の利益を優先することだが、だからといって、それを恥じたり申し訳なく思ったりする必要はまったくない。

人間の心理は太古から変わっていないし、未来永劫《えいごう》変わらない。**老若男女を問わず、自分の利益を優先することは、全人類の共通点なのだ**。

したがって、「**人間の最大の関心事は自分自身だ**」という事実は、人の心をつかむうえで不可欠な基礎知識となる。

POINT

人間の主たる特徴は、
自分の利益を優先することである

誰もが、他人よりも自分に大きな興味を持っている。
この事実をよく理解することが、人生の成功と幸福を手に入れる近道となる。

人びとの行動パターンは、
人間の心理と
密接にかかわっている

人間の最大の関心事は自分自身だ

ルール❸

すべての人が「大切にされたい」と願っている

すべての人に共通する最大の特徴は、**「重要人物として扱われたい」**という願望を持っていることだ。

だから、**人の心をつかむためには、相手に重要感を持たせる必要がある。**重要感を持たせてあげれば、人は快く動いてくれる。

すべての人は「重要人物」として扱われたいと思っている。

「相手のメンツを立てる」という東洋の礼儀作法は、人間関係のスキルの基本である。誰もが「軽く扱われたくない」と思っているのだ。

だから、どんな人でも、無視されると気分を害するし、見下されると反感を抱く。

あなたにとって自分が大切なように、相手にとっても自分が大切なのだという事実を肝に銘じよう。

人の心をつかむうえで、この特徴をうまく活用できるかどうかが成否のカギを握る。

では、相手の存在価値を認めて、重要感を持たせる方法を紹介しよう。

相手に重要感を持たせる7つの方法

❶相手の話に耳を傾ける（ルール❻〜詳述）

相手の話に耳を傾けることは、相手に重要感を持たせる最高の方法である。

話をよく聞いてもらえないと、相手は軽んじられたと感じ、自分の存在価値を否定されたような気分になる。

❷相手をほめる（ルール❿〜詳述）

相手が称賛に値するときは、大いにほめよう。

ただし、誠実な気持ちでなければ逆効果になる。

「認められ、高く評価されたい」と思うのは、誰もが持っている人間の基本的な欲求

である。

❸相手の名前を頻繁に呼ぶ

誰にとっても、自分の名前はこの世で最も重要な単語である。だから**親近感を込めて名前を呼ぶだけで、相手はあなたに好意を抱く。**

たとえば、単に「こんにちは」と言うよりも、「こんにちは、○○さん」と言うほうが相手の心をつかむことができる。

❹話す前に少し間をおく

相手の話に返答するとき、即答せずに一瞬だけでも間をおけば、相手に「じっくり考えている」という印象を与えることができる。この一瞬の間は、「あなたの発言は検討に値する」という無言のメッセージとして相手に伝わる。

❺自分よりも相手に焦点を当てる

自分の話題を避け、相手を話題の中心にしよう。

❻待たせた人への配慮を忘れない

人を待たせた場合、「お待たせして申し訳ありません」と言おう。**待たせたことに対する反省の気持ちを伝えると、相手は自分が大切にされていると感じる。**

❼その場にいるすべての人へ気配りをする

パーティーなどの集まりに参加するときは、リーダーや代表者だけではなく、すべての人に気を配り、平等に参加者全員の存在価値を認めよう。

POINT

相手に重要感を持たせる

「最大の関心事は自分自身だ」という人間の心理的欲求を満たすためには、「自分は重要人物として扱われている」と相手が感じるように振る舞うことだ。

「相手のメンツを立てる」という
東洋の礼儀作法は、
人間関係のスキルの基本である

誰にとっても、自分の名前は
この世で最も重要な
単語である

ルール❹

「相手」を会話の主役にする

人と話すときは、相手が最も興味を抱くテーマを選ぼう。

では、すべての人にとって、この世で最も興味深いテーマは何か？

それは、「自分」である。

誰もが自分について話すときは、夢中になり、すっかり心を奪われる。

自分について話す機会が得られると、誰もがその機会を与えてくれた人に好意を抱くものだ。

あなたの会話の内容が「目の前の相手について」なら、あなたは適切なコミュニケーションをとっている。それは人間の心理に従ったやり方だからだ。

しかし、あなたの会話の内容が「自分自身について」なら、あなたは間違ったコミュニケーションをとっている。それは人間の心理に反するやり方だからだ。

あなたの語彙から「私」という単語を排除しよう。

そして、「私」を「あなた」という単語に置き換えよう。

「あなた」（＝目の前の相手）は、ふだん使っている言葉の中で最も強い力を持つ単語である。


たとえば、こんなセリフがそうだ。


「このやり方なら、**あなた**はきっと満足できます」

「**あなた**のご家族は、さぞ喜ばれることでしょう」

「これで、**あなた**は大きな利益を手にすることができます」


「私」（＝自分）を話題の中心にして得られるのは、自己満足だけである。しかし、「あなた」について話せば、相手の心をつかむことができる。

もちろん、会話の内容を「私」から「あなた」にするのは難しいので練習を積む必要があるが、それによって得られる恩恵は計り知れない。

「すべての人の最大の関心事は自分自身だ」という事実を活用する方法がもうひとつある。

それは、相手が自分自身について話せるように、うまく誘導することだ。すると、相手はあなたを好きになる。そして、相手がほかのどんな話題よりも、自分について話したがっていることが、手に取るようにわかるだろう。

相手が自分の話をできるように誘導するには、次のような問いかけが効果的だ。

「今の会社にはどのくらい勤められているのですか？」
「○○さん、ご出身はどちらですか？」
「○○さん、これについてどのように思いますか？」

「それはご家族の写真ですか？」
「○○さん、ご家族のみなさんはお元気ですか？」
「ご旅行は楽しかったですか？」

ほとんどの人は自分のことばかり考え、自分のことばかり話している。
だから、相手の心をつかむことができない。

大切なのは、あなたが自分の発言に満足できるかどうかではなく、相手がそれをどう思うかである。

したがって、人と話すときは、「目の前の相手」について話すことが最も効果的だ。

相手が自分の話をできるように話題をふろう。
これこそが会話上手になる秘訣である。

POINT

自分の語彙の「私」を「あなた」に置き換える

適切なコミュニケーションとは、相手が自分自身について話していることをさす。
「最大の関心事は自分だ」という前提で会話ができれば、好感度が増す。

誰もが自分について話すときは、
夢中になり、すっかり心を奪われる

「私」を話題の中心にして
得られるのは、
自己満足だけである

ルール5

反論しない

人の心をつかむうえで重要なのは、**上手に賛同する方法をマスターすること**である。

これは良好な人間関係を築く最高の技術のひとつと言える。

「上手に賛同する」という簡単なテクニックは、あなたの人生に必ず大きな利益をもたらす。

生涯にわたって忘れてはいけないのは、「**愚か者ほど反論したがる**」という事実だ。たとえ相手が間違っていても、賛同することができれば、それはあなたの器が大きいことの証であり、賢者のしるしである。

相手に賛同する5つの方法

❶相手に賛同する準備をする

相手に賛同するためには、まず自分の心を開かなければならない。そうやって気持ちの準備をするのである。

❷相手に賛同していることを伝える

心の中だけで相手に賛同していては不十分である。それを言葉と態度で伝える必要があるのだ。

相手を見ながらうなずき、「なるほど、そうですね」「私もその意見に賛成です」と言って初めて、賛同の気持ちが伝わって好感度が上がり、相手の心をつかむことができる。

❸相手の意見に反論するのは、絶対的な理由があるときだけにする

相手の意見に賛成できないことはよくあるが、「絶対に反論しなければならない場合」を除いて、それをわざわざ口に出す必要はない。

また、相手の意見に反論する必要は、実際にはめったにない。

❹自分の間違いに気づいたら、素直に認める

自分が間違っていたときは、「すみません、私の間違いでした」と言おう。

自分の間違いを素直に認められるのは、器が大きいことの証だから、そういう人は尊敬される。

一方、器の小さい人は自分の間違いを認めようとせず、ウソをついたり弁解したりしてごまかそうとする。当然、そういう人は尊敬されない。

❺口論しない

人間関係を悪化させる元凶は、「口論」である。

たとえ自分が正しいと思っても、相手と口論してはいけない。口論しても本当の意味で勝利をおさめることはできないし、相手を味方につけることもできない。

以上の5つの方法をふだんのコミュニケーションで実践すれば、相手に嫌われる可能性はかぎりなくゼロになる。

それに加えて、次の法則を心に留めておこう。

賛同して心をつかむための3つの法則

1　誰もが自分に賛同してくれる人を好む
2　誰もが自分に反論する人を嫌う
3　誰もが反対されることをうとましく思う

POINT

相手に賛同する

相手に賛同することは、
その人への好意を示す有効な手段である。

生涯にわたって忘れてはいけないのは、
「愚か者ほど反論したがる」
という事実だ

相手の意見に反論する必要は、
実際にはめったにない

ルール❻

じっくり聞く

一般的に、**「聞き上手」は「話し上手」よりずっと得をする**。

なぜなら、聞き上手な人は、相手にとって最愛の存在である「自分自身」の話をじっくり聞いてくれるからだ。つまり、人の話をじっくり聞くだけで、好感を持ってもらえる。

人生で得をしたいなら、まず何よりも「聞き上手」になろう。

ただし、聞き上手になるためには、多少のコツが必要だ。聞き上手になる方法を紹介しよう。

聞き上手になるための5つの方法

❶話している人の顔を見る

相手の話は、「耳」だけでなく「目」でも聞こう。相手が話しているときは、その人の顔を見ることだ。話を聞く価値がある相手なら、その人の顔は見る価値がある。

❷話し手の方向に身を乗り出して、熱心に耳を傾ける

話を聞くときは、「**ひと言も聞き漏らすまい**」という姿勢をとろう。

誰もが、面白い話には身を乗り出し、それほど面白くない話には身を乗り出さない傾向がある。

だから、**身を乗り出して話を聞けば、相手は「自分の話は面白い」と思うことができて、気分をよくする**。

❸適切な質問をする

適切な質問をすれば、相手の話をよく聞いていることがさらに伝わる。質問をすることは、相手に対する敬意を示す最高の方法なのだ。

「**それからどうなりましたか？**」「**そのときどうしたのですか？**」といったシンプルな質問でも十分その効果を発揮する。

❹話し手の話題に集中し、途中で口をはさまない

たとえ別の話題に変えたくても、**相手の話が終わるまでは話題を変えてはいけない。**

❺自分ではなく相手に焦点を当てる

会話では、「**私は**」「**私を**」「**私に**」「**私の**」という言葉を封印しよう。

それらのフレーズを使うかぎり、相手ではなく自分に焦点を当てることになる。しかし、それでは相手の話に耳を傾けることができない。

以上の5つの方法は、会話の基本的なマナーでもある。

POINT

人間関係では、聞き上手な人が大きな得をする

人生で得をしたいなら、聞き上手になる5つの方法を実践することだ。
会話では「私」という言葉を減らし、耳と目だけでなく「全身」で相手の話を聞こう。

好感度は、
人の話を聞いた分だけ上がる

#「聞き上手」は「話し上手」より ずっと得をする

質問をすることは、最高の敬意の示し方だ

ルール7

第三者からの評価を活用する

もしあなたが自分の利益ばかりを優先して主張を展開したら、おそらく誰からも不審に思われる。その疑いを晴らす最も効果的な方法は、他人の発言を引用することである。たとえその人がその場にいなくても、「代弁」してもらえばいい。

具体例

見込み客に商品を買ってもらいたいのだが、その人が、商品が長持ちするかどうかで購入をためらっている様子なら……

↓「この商品をすでに4年くらい使っているお客様が、『今でも調子がよくて重宝している』とおっしゃっています」と伝えればいい。その人がその場にいなくても、あなたに代わって見込み客の質問に答えてくれている。

採用担当者があなたの能力に疑問を抱いているなら……

↓「過去の雇い主からは高い評価をいただいていました」と伝えればいい。

物件の入居希望者が周りの環境に不安を感じているなら……

↓「前の入居者は静かな環境にとても満足されていました」と伝えればいい。


以上の具体例では、**相手の疑問に直接答えるのではなく、商品の購入者や過去の雇い主、前の入居者に「代弁」してもらうかたちで第三者からの評価を活用している。**

そうすれば、あなたが直接答えるよりも情報の信ぴょう性を高めることができる。

不思議なことに、自分語りで同じ内容を伝えると、相手はそれを疑ってかかるのに、第三者からの評価を活用すると、相手はその内容が真実かどうかを疑わない。

「他人の発言を引用する」ことに加えて、「サクセスストーリーを紹介する」「事実や統計に言及する」などなど、第三者の意見や客観的なデータをさらに活用して自分の主張の信ぴょう性を高めよう。

POINT

第三者からの評価の活用は、情報の真実味を高める

人間は、目の前の人にかかわる利益に疑念を抱く傾向がある。その疑念を晴らすために最も効果的なのは、「第三者からの評価」を活用することだ。

たとえその人がその場にいなくても、
「代弁」してもらえばいい

第三者からの評価を活用すると、
相手はその内容が
真実かどうかを疑わない

ルール 8

「イエス」と言いたくなる理由を与える

相手に「イエス」と言わせるには、それなりのテクニックが必要である。

実際、コミュニケーションに長《た》けた人たちはいくつかのテクニックを駆使して、相手に「イエス」と言わせる確率を高めている。

ちなみに、相手に「イエス」と言わせるということは、自分の望むことを相手にしてもらえることを意味する。

そのための効果的な方法を紹介しよう。

相手に「イエス」と言わせる4つの方法

❶「イエス」と言う理由を相手に与える

どんなことをするときでも、それには何かしらの理由がある。したがって、誰かに何かをしてもらいたいなら、その人がそれをすべき理由を提示すればいい。

ただ、その理由は相手にとって好都合な理由でなければならない。つまり、それが相手の利益になるような理由でなければならないということだ。

自分にとって好都合な理由であってはいけない。自分ではなく相手がどんなに得をするかをしっかり説明して、相手に動いてもらおう。

❷「イエス」と答えたくなる質問をする

相手から「イエス」という答えを引き出すためには、相手を「イエス」と答えたくなる気分にさせる必要がある。

そのやり方は、「イエス」と答えたくなる質問を2、3回することだ。

具体例

「ご家族には幸せになってほしいですよね？」

↓「もちろんです」という答えが必ず返ってくる。

「有利な取引をしたいですよね？」

↓「もちろんです」という答えが必ず返ってくる。

「イエス」と答えたくなる質問とは、「イエス」としか答えようがない質問のことだ。

相手を「イエス」と答えたくなる気分にさせれば、あなたの要望にも「イエス」と答えてくれる確率が高まる。

ただし、「イエス」と答えたくなる質問には、適切なやり方がある。

そのコツは、うなずきながら「あなたは……」と質問を切り出すことだ。

具体例

「あなたは最高の製品が欲しいですよね？」

↓相手を見て、うなずきながら質問をする。

「あなたは明るい未来を切り開きたいですよね？」
↓相手を見て、うなずきながら質問をする。

❸どちらを選んでも「イエス」としか答えようがない質問をする

誰かに何かを頼むときは、「イエス」か「ノー」かという2択の選択肢を相手に与えてはいけない。「イエス」なら相手はあなたが望むとおりに動いてくれるが、「ノー」なら相手はあなたが望むとおりに動いてくれないからだ。

大切なのは、自分のしてほしいことを相手がしてくれるように働きかけることだ。

具体例

「〇〇さん、今日の午後はいかがでしょうか？　それとも明日にされますか？」
↓相手に選択肢を与えているが、それはあくまでも時間帯についてだけで、面会することについてはどちらも「イエス」になる。

この例の場合、最も効果的ではない方法は、相手に面会を求める質問をすることだ。

そうすると、「イエス（面会する）」か「ノー（面会しない）」かという選択肢になり、面会できない可能性が生まれる。

ほかの例を紹介しよう。

具体例

「この中で欲しいものがありますか？」と尋ねるのではなく……

↓「黒と白のどちらが欲しいですか？」と尋ねて、どちらかを選んでもらう。

「ここで働きますか？」と尋ねるのではなく……

↓「初出勤日は明日と明後日のどちらにしますか？」と尋ねて、初出勤日を選んでもらう。

「この商品をお買い求めですか?」と尋ねるのではなく……
↓「お支払いはカードと現金のどちらになさいますか?」と尋ねて、支払い方法を選んでもらう。

このやり方がいつもうまくいくとはかぎらないが、うまくいく確率はかなり高い。少なくとも、「イエス」か「ノー」かという選択肢を与えるよりはるかに効果的だ。

❹「イエス」という返事を期待していることを伝える

「あなたに期待しています」と伝えることは、非常に大きな影響力を持つ。**ほとんどの人は、期待されると躊躇《ちゅうちょ》したり裏切ったりしない**。

これは効果的な心理作戦であり、何度か成功体験を得られれば、それ以降は簡単に実践することができる。

POINT

相手が気持ちよく「イエス」と言える状況をつくる

相手が「イエス」と言いたくなるような、相手にとって好都合な理由を提示しよう。

ほとんどの人は、期待されると
躊躇したり
裏切ったりしない

「イエス」と答えたくなる質問とは、
「イエス」としか答えようがない質問のことだ

ルール9

相手が何を求めているかを見きわめる

自分のしてほしいように相手に動いてもらうためには、相手がそれを「したくなる理由」を見きわめることだ。それさえわかれば、どうすれば相手に動いてもらえるかがおのずと明らかになる。

人はみな違う。好みや価値観も人によってさまざまだ。

だから、**誰もが自分と同じような趣味や嗜好《しこう》を持っていると思ってはいけない。**

あくまでも相手が何を求めているかを見きわめることが重要だ。

あなたがすべきことは、自分の要求に応じれば相手も得をすると示すことだ。

これこそが人を動かす秘訣である。

これは、「言葉で心をつかむ」とも言い換えられる。だから、そのためにも相手が何を求めているかを知っておかなければならない。

一例として、あなたが経営者としてエンジニアを雇おうとしている場合を考えてみよう。

あなたが雇いたいと思っているエンジニアは、ほかの会社からもオファーを受けていて、あなたはその事実を知っている。こんな状況で、自分の会社に来てもらうにはどうすればいいだろうか。

「**相手の求めているものを見きわめる**」という原理を応用するためには、まず、そのエンジニアがどんな地位につきたがっているか、本人にとって最も魅力的な条件は何かを知らなければならない。

もし相手が「昇進」を求めているなら、どれだけ昇進できるかを示せばいい。
もし相手が「安定」を求めているなら、どれだけ安定しているかを示せばいい。
もし相手が「経験」を求めているなら、どれだけ経験を積めるかを示せばいい。

つまり、相手の求めているものを見きわめて、自分の言うとおりにすれば、それが手に入ることを示すのだ。

逆の立場でこの原理を活用してみよう。

あなたが採用試験を受ける立場なら、雇い主のニーズを満たせることを示そう。そのためには自分の能力を見きわめ、もし電話応対の能力が求められているなら、あなたがその能力を持っていることを示せばいい。

相手の求めているものがわかれば、相手の聞きたいことを伝えることができる。

相手の求めているものを見きわめるためには、質問をして、相手の様子を伺いながら話に耳を傾けよう。

POINT

相手の立場に立って相手の頭の中を想像する

あなたと他人は趣味も嗜好も違う別々の人間である。
そのことを前提として、相手のニーズを見きわめよう。

相手がそれを「したくなる理由」がわかれば
相手の動かし方もわかる

誰もが自分と同じような趣味や嗜好を
持っていると思ってはいけない

相手も得をすると示すことが、
人を動かす秘訣である

ルール 10

心を込めてほめる

人間は食料だけで生きているのではない。

人間は、体に栄養を必要とするのと同じように、心にも栄養を必要とする。

自分がほめてもらったときにどう感じたかを思い出してみよう。**それが心のこもったほめ言葉なら、たったひと言でも、その日を明るい気分で過ごせたに違いない。**

その気分がどれくらい長続きしたかを覚えているだろうか。

あなたと同じように、ほかの人たちもほめてもらうと気分がよくなる。

相手が嬉しくなる優しい言葉をかけよう。

相手はあなたの優しさに感動して好意を抱き、あなたは相手に優しい言葉をかけたことで気分がよくなる。

寛大な気持ちで惜しみなく人をほめよう。称賛に値することを探し、それが見つかったら、声に出してほめよう。
ただし、次のことを肝に銘じる必要がある。

上手に人をほめる2つの方法

❶ほめ言葉は常に誠実なものでなければならない

もしその言葉に誠実さがないなら、ほめてはいけない。表面だけの言葉では相手の心には響かない。

❷相手をほめるのではなく、相手の行為をほめる

特定の行為をほめられると、相手はためらうことなく、すんなりとほめ言葉を受け入れることができる。

また、適切なタイミングで特定の行為をほめると真実味が増し、相手は「これは称賛に値することなんだ！」と納得し、その行動を繰り返す動機づけになる。
また、「えこひいき」という周囲からの批判を防ぐこともできる。

具体例

×「あなたはとてもよく働くね」
○「あなたは**この1年間で大きな成果をあげた**ね」
×「あなたはとても優秀だね」
○「あなたが**作成したレポート**は素晴らしい出来栄えだね」
×「あなたは称賛に値します」
○「あなたの**建築手法**は称賛に値します」

ポイントは、**相手の特定の行為をほめる**ことだ。

それに加えて、毎日をより幸せな気分で過ごすための秘訣を紹介しよう。

幸せの秘訣

毎日、少なくとも3人に優しい言葉をかける習慣を身につけよう。そして、そうすることで自分がどう感じるかも分析してみよう。

自分が他人に幸せをもたらしているという事実を認識すれば、あなたはとても気分がよくなる。**「受け取る」よりも「与える」ほうが大きな喜びを得られる**からだ。

これこそが幸せの秘訣である。

POINT

相手を「ほめる」ことは、双方が幸せになる行為だ

ほめることは、おだてることではない。心のこもったほめ言葉をかければ、お互いに幸せな気分に浸ることができる。

言葉に誠実さがないなら、ほめてはいけない

受け取ることよりも
与えることのほうが
得られる喜びは大きい

ルール⓫

建設的に注意する

人に注意する目的が小言を言うことだったり、怒りをぶちまけることだったりしたら、自分の不満を解消して一時的な満足を得る以外に何の利益も得ることができない。しかも相手の反感を買うことになる。なぜなら、注意されるのが好きな人は世の中にひとりもいないからだ。

しかし、**上手に人に注意する方法を心得れば、大きな成果をあげる**ことができる。

そのためのヒントを紹介しよう。

人に注意して成果をあげる7つの絶対条件

❶人に注意するときは2人きりになる

人前で相手に恥をかかせることは、人間関係を悪化させる一因である。だから**第三者がいないところで注意するように配慮すること**が大切だ。

❷注意する前に優しい言葉をかける

相手の精神的ショックをやわらげるために**友好的な雰囲気**をつくっておこう。

❸相手自身ではなく、相手の行動を注意する

注意するときは、相手の人格を批判してはいけない。それでは、あなたの注意は何ひとつ伝わらないことになる。

相手の特定の行為に焦点を当てて注意しよう。

❹正しいやり方を教える

相手の間違いを指摘するときは、注意だけで終わらせるのではなく、「**どうすればいいか**」**もあわせて教える必要がある。**

❺協力を依頼する

注意することによって相手の行動を改善させたいときは、**「要求」ではなく「依頼」**をしよう。そうすると、格段に相手の協力を得やすくなる。

協力を要求するのは最終手段だ。

❻1回の誤りに対して、注意するのは1回だけにする

しつこく注意すると、嫌われるだけである。

❼前向きで友好的な言葉で締めくくる

ひととおり注意したら、「今後は気を引き締めてしっかりやれ」と言うのではなく、「これで問題が解決したから、今後は力を合わせて頑張ろう」と締めくくり、後味のよい終わり方を心がけよう。

つまり、**「叱る」のではなく「励ます」**ことが重要なのだ。

POINT

相手との関係をよりよくするために叱り方を工夫する

頭ごなしに叱って人間関係を悪化させてはいけない。注意するときは、相手との関係を深める方向で慎重におこなおう。

注意されるのが好きな人は
世の中にひとりもいない

上手に注意すれば
大きな成果をあげられる

叱るのではなく
励ますことが重要だ

ルール⑫

誠実に、はっきりと、小さなことでも感謝を伝える

相手に感謝の気持ちを抱くだけでは不十分。
その気持ちを言葉で上手に伝える必要がある。

なぜなら、誰もが自分に感謝してくれる人を好きになり、感謝の気持ちを示す人には快く応じたくなるからだ。

もしあなたが誰かに感謝していて、その気持ちをうまく伝えられたら、十中八九、相手はもっと親切にしてくれるに違いない。

しかし、どんなに感謝していても、その気持ちをうまく伝えられなければ、きっともう会うことがないか、たとえ再会してもそれほど親切にはしてもらえないだろう。

では、どのように伝えれば、感謝の気持ちを相手に伝えられるのだろうか。

感謝の気持ちを上手に伝える5つの方法

❶お礼を言うときは心を込める

感謝の気持ちに誠実さを込めよう。相手はあなたが本当に感謝しているかどうかをすぐに感じ取る。

もしあなたが本当に感謝していないなら、相手はそれを敏感に察知する。

❷はっきりとした口調で感謝の気持ちを伝える

相手に感謝の気持ちを伝えるときは、曖昧な表現を避けて明確な表現を心がけ、「すごく嬉しい！」という気持ちを言葉にしよう。

❸感謝するときは相手の顔を見る

相手の顔を見ながらお礼を言うことは、非常に大きな意味を持つ。感謝する価値のある相手なら、その人の顔は見る価値がある。

❹相手の名前を呼びながら感謝する

名前を呼ぶことは、相手に重要感を持たせることに役立つ。単に「ありがとう」と言うのではなく、「ありがとう、○○さん」と言うほうがより効果的に感謝の気持ちを伝えることができる。

❺「感謝の練習」をする

感謝する機会を探し求めよう。普通の人は普通のことに感謝の気持ちを述べ、一流の人は些細なことにも感謝の気持ちを述べる。このことを心に留めて、ふだんから「感謝の練習」をしよう。

以上の技術はとてもシンプルだが、感謝の気持ちをうまく伝えることほど人間関係を好転させるテクニックはない。

感謝を明確な表現で伝えることは、生涯にわたって大きな資産となる。

POINT

些細なことにも感謝し、それを相手に伝える

感謝することは、人間関係をより円滑にする魔法である。
時間や手間がかかることではない。
感謝を習慣にすれば、人生が大きく好転する。

誰もが自分に感謝してくれる人を好きになる

一流の人は些細なことにも感謝の気持ちを述べる

ルール13

人前では、明確かつ簡潔に、自然体で話す

人前で上手に話す方法を紹介しよう。
この方法を実践できているかいないかは、人前で上手に話せるかどうかを左右する決定的な違いとなる。

人前で上手に話す5つの方法

❶自分の主張を把握する

自分が伝えたいことを正確に把握できていないなら、人前でしゃべってはいけない。**自分の主張は事前にしっかり把握しよう**。

そうして初めて、人前で話すために必要な知識を収集でき、スピーチではその知識に基づいて自信を持って話すことができる。

❷話は早めに切り上げる

話を簡潔にまとめて、しゃべり終えたらすぐに着席しよう。**話が短いことに文句を言う人はいない**。もし「もっと話してほしい」と聴衆が思っているなら、誰かがあなたにそう言うはずだ。

しかし、そうでない場合は早めに話を切り上げ、ほかの人に話をさせよう。

❸話しているときは聞き手を見る

このことの大切さは、いくら強調してもしすぎることはない。**話しかける価値のある相手なら、その人の顔は見る価値がある**。うつむいてスピーチのメモを見ながら話しているうちは、聞き手の心をつかめない。

❹聞き手の関心事を話す

大切なのは、あなたが何を言いたいかではなく、相手が何を聞きたがっているかである。つまり、**何よりも大切なのは、聞き手の関心事なのだ。**

人の心をつかむ話し手になるための確実な方法は、**相手が聞きたがっていることだけを伝えることである。**

❺名演説をしようとしない

雄弁家になろうとする必要はない。そもそも雄弁家になれる人はほとんどいない。

聞き手に向かって普通に話しかければいい。自分らしく自然に振る舞おう。話しているのは、ほかの誰でもないあなた自身だ。

話すべきことを自然体で伝えるだけで十分である。

POINT

人前で話すのがうまい人は、相手目線で話を考える

あなたの話を〝面白い話〟にする方法は、「相手目線で考える」ことだ。派手なパフォーマンスは必要ない。自然体で誠意を持って、聞き手の関心事を話せばいい。

話が短いことに
文句を言う人はいない

何よりも大切なのは、
聞き手の関心事

雄弁家になれる人は
ほとんどいない

ルール 14

自分の存在価値を上手に伝える

たいていの場合、私たちは、「相手にどう思われるか」を意識し、印象をかなりコントロールしている。

しかし、その思惑を成功させるためには、次のことを心得ておく必要がある。

すべての人間関係は必ず初対面から始まる。相手にどう思われるかは、自分がどんな振る舞いをするかによって決まる。

だから、相手に好印象を与えるような振る舞いをすべきである。

相手によく思われ、尊敬されたいなら、自分がそういう評価に値する人物だという印象を与えなければならない。

その第一歩は、**自分の存在価値を見いだす**ことだ。

自分の人間性、仕事、職場に誇りを持とう。自分の仕事や地位を卑下する必要はまったくない。自分への尊敬の念を持って堂々と振る舞おう。

ただし、うぬぼれてはいけない。

たとえば、「あなたの職業は何ですか?」と尋ねられたとき、どう答えるかはとても重要である。

あなたが保険の外交員をしているとしよう。次のどちらの答え方が「仕事に誇りを持っている」という印象を相手に与えるだろうか?

「まあ、私は単なる保険外交員ですから」

「私は幸運にも○○社という全国屈指の保険会社で働かせてもらっています」

前者の答え方では、相手はあなたを立派な人物だとは思わない。あなた自身が「自分は尊敬に値しない人物だ」と間接的に言っているからだ。

後者のように、自分に誇りを持っていることが伝わる答え方のほうがいい。そんなふうに答えれば、相手はあなたの存在価値を認めたくなる。

では、それ以外にも、自分の存在価値を上手に伝える方法を紹介しよう。

自分の存在価値を上手に伝える5つの方法

❶誠実な態度を取る

お世辞や無意味な言葉は慎み、「本当に思っていること」だけを言おう。

❷情熱を燃やす

自分がしていることに一生懸命に取り組むことは、非常に大きな価値を持つ。

内に秘めた情熱は、言葉にしなくても伝わる。自分がしていることに惚れ込んでいれば、相手はあなたがしていることを高く評価する。

❸緊張しすぎない

過度の緊張は相手に不安を与える。役者になって、緊張していることを隠そう。

❹自分をよく見せるために他人の悪口を言わない

他人をこき下ろして自分をよく見せようとしてはいけない。成功は、あくまでも自分の努力で決まる。他人を犠牲にして成功することはできない。

❺他人を中傷しない

他人を中傷することは道徳的にも間違っているが、他人を中傷してはいけない最大の理由は、その行為がブーメランのように返ってきて自分が傷つくことになるからだ。

POINT

自分の存在価値を見いだし、相手に誠意を伝える

「周りからどう思われるか」は、自分の振る舞いが決める。自分に誇りを持って堂々と振る舞い、「尊敬に値する人物」であることを示そう。

自分の人間性、仕事、職場に誇りを持とう

内に秘めた情熱は、
言葉にしなくても伝わる

ルール15

行動する！

知識そのものに価値はない。

知識は、活用して初めて価値を持つ。

言い換えると、人生の報酬は、もともと持っている能力に対して支払われるのではなく、能力や知識を発揮する「行動」に基づいて支払われるということだ。


この本で紹介した知識は、よりよい人生、より多くの友人、より大きな成功と幸福を手に入れるためのカギとなる。


この知識を、自分と家族のために今すぐに活用してほしい。

あなたの行動力に期待している。

POINT

成功と幸福は、行動する者にだけ訪れる

あなたがすべきことは、たったひとつ。
行動あるのみ！

知識は、
活用して初めて価値を持つ

人生の報酬は、
能力ではなく行動に対して支払われる

ディスカヴァー携書 257

幸せな人生は人間関係で決まる

発行日　2025年2月21日　第1刷
2025年3月19日　第2刷

Author　レス・ギブリン
Translator　弓場隆
Book Designer　松田行正＋倉橋弘

Publication　株式会社ディスカヴァー・トゥエンティワン
〒102-0093　東京都千代田区平河町2-16-1 平河町森タワー11F
TEL　03-3237-8321（代表）03-3237-8345（営業）
FAX　03-3237-8323
https://d21.co.jp/

Publisher　谷口奈緒美
Editor　大竹朝子　元木優子

Store Sales Company
佐藤昌幸　蛯原昇　古矢薫　磯部隆　北野風生　松ノ下直輝
山田諭志　鈴木雄大　小山怜那　藤井多穂子　町田加奈子
Online Store Company
飯田智樹　庄司知世　杉田彰子　森谷真一　青木翔平　阿知波淳平
大﨑双葉　近江花渚　舘瑞恵　徳間凜太郎　廣内悠理　三輪真也
八木眸　安室舜介　古川菜津子　高原未来子　千葉潤子　川西未恵
金野美穂　松浦麻恵
Publishing Company
大山聡子　大竹朝子　藤田浩芳　三谷祐一　千葉正幸　中島俊平
伊東佑真　榎本明日香　大田原恵美　小石亜季　西川なつか
野﨑竜海　野中保奈美　野村美空　橋本莉奈　林秀樹　原典宏
村尾純司　元木優子　安永姫菜　浅野目七重　厚見アレックス太郎
神日登美　小林亜由美　陳玟萱　波塚みなみ　林佳菜
Digital Solution Company
小野航平　馮東平　宇賀神実　津野主揮　林秀規

Headquarters　川島理　小関勝則　田中亜紀　山中麻吏　井上竜之介　奥田千晶
小田木もも　佐藤淳基　福永友紀　俵敬子　三上和雄　石橋佐知子
伊藤香　伊藤由美　鈴木洋子　照島さくら　福田章平　藤井かおり
丸山香織

Proofreader　文字工房燦光
DTP　株式会社RUHIA
Printing　中央精版印刷株式会社

ISBN978-4-7993-3129-3
　携書ロゴ：長坂勇司